GW01374286

Die Große
JANOSCH-MÄRCHENKISTE

Janosch wurde 1931 in Zaborze (Polen) geboren, lebte in Paris und München und wohnt seit 1980 in Spanien. Er schrieb und malte etwa 200 Kinderbücher, Romane, Theaterstücke und anderes mehr. Er erhielt u. a. den französischen und den deutschen Kinder- und Jugendbuchpreis.

© Little Tiger Verlag GmbH
1. Auflage, Gifkendorf 2009
Satz & Layout: Little Tiger Verlag
Gesamtherstellung: novoprint, Barcelona
ISBN 978-3-931081-57-7
www.little-tiger.de

Die Große JANOSCH MÄRCHENKISTE

LITTLE TIGER BOOKS

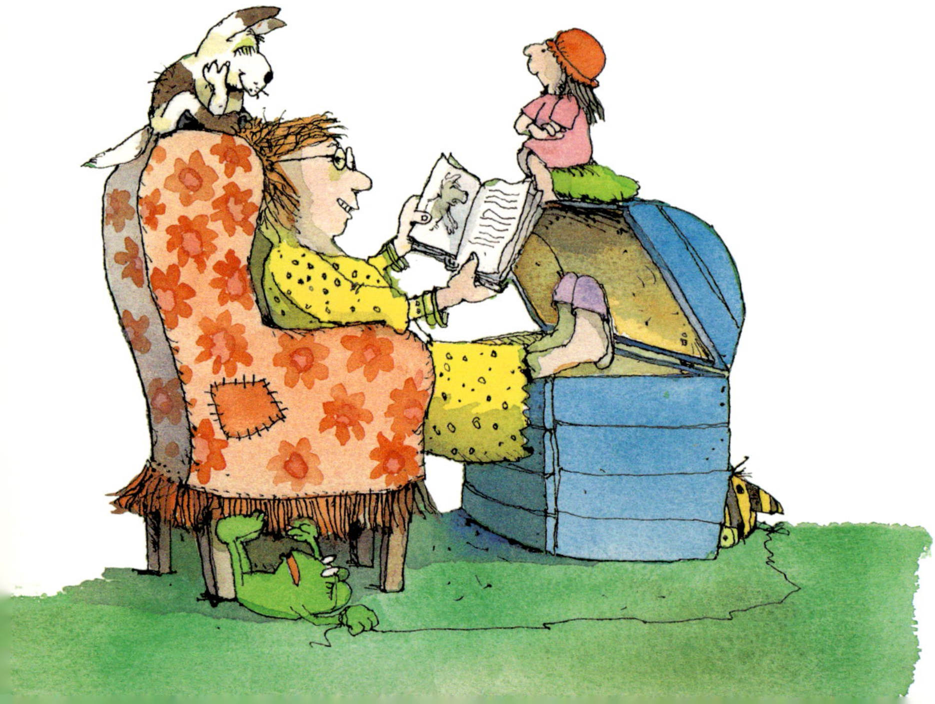

Des Kaisers neue Kleider

H. Chr. Andersen

Vor vielen Jahren lebte einmal ein Kaiser, der so ungeheuer viel auf schöne neue Kleider gab, dass er all sein Geld verschwendete, um recht geputzt zu sein. Er machte sich nichts aus seinen Soldaten, kümmerte sich nicht um Theater und wollte nicht in den Wald spazieren fahren, außer um seine neuen Kleider zu zeigen.

Er hatte für jede Stunde des Tages ein anderes Kleid, und ebenso, wie man sonst von einem Könige sagt, er ist im Rate, so hieß es hier stets: „Der Kaiser ist im Kleiderschrank!"

In der großen Stadt, in der er wohnte, ging es sehr vergnüglich her. Jeden Tag kamen viele Fremde dorthin; eines Tages kamen auch zwei Betrüger. Sie gaben sich als Weber aus und sagten, dass sie es verstünden, das schönste Zeug zu weben, das man sich denken könnte. Nicht nur wären die Farben und das Muster ungewöhnlich schön, sondern die Kleider, die aus diesem Zeug genäht würden, hätten die wunderbare Eigenschaft, dass sie für jeden Menschen unsichtbar wären, der nicht für sein Amt tauge oder unerlaubt dumm sei.

7

„Das wären ja prächtige Kleider", dachte der Kaiser, „wenn ich die anzöge, wollte ich wohl dahinter kommen, welche Männer in meinem Reich nicht für ihr Amt tauglich sind; ich könnte die Klugen von den Dummen unterscheiden! Ja, dies Zeug soll sogleich für mich gewebt werden!", und er gab den beiden Betrügern reichliches Handgeld, damit sie mit ihrer Arbeit beginnen möchten.

Sie stellten auch zwei Webstühle auf, taten, als ob sie arbeiteten, aber sie hatten nicht das mindeste auf den Stühlen. Frischweg verlangten sie die feinste Seide und das prächtigste Gold; das steckten sie in ihre eigene Tasche und arbeiteten an den leeren Stühlen, und zwar bis in die späte Nacht.

„Nun möchte ich doch wissen, wie weit sie mit dem Zeug sind!", dachte der Kaiser, aber es war ihm doch ein wenig beklommen ums Herz bei dem Gedanken, dass der, der dumm sei oder nicht für sein Amt tauge, es nicht sehen könne. Nun glaubte er zwar nicht, dass er für sich selbst bange zu sein brauche, aber er wollte doch sicherheitshalber erst einen anderen hinschicken, um zu sehen, wie es damit stand.

Alle Menschen in der ganzen Stadt wussten, welche seltsame Kraft dem Zeug innewohnte, und alle waren begierig zu sehen, wie untauglich oder dumm ihr Nachbar wäre.

„Ich will meinen alten, ehrlichen Minister zu den Webern schicken!", dachte der Kaiser, „er kann am besten übersehen, wie sich das Zeug ausnimmt, denn er hat Verstand, und niemand versteht sein Amt besser als er!"

Nun ging der alte, gute Minister in den Saal, wo die beiden Betrüger saßen und an den leeren Webstühlen arbeiteten. „Gott bewahre!", dachte der alte Minister und riss die Augen auf. „Ich kann ja nichts sehen!" Aber das sagte er nicht.

Die beiden Betrüger baten ihn, freundlichst näher zu treten und fragten, ob es nicht ein schönes Muster und prächtige

Farben seien. Dabei zeigten sie auf die leeren Webstühle, und der arme, alte Minister riss die Augen immer weiter auf, konnte aber nichts erblicken, denn da war eben nichts.

„Herr, mein Gott!", dachte er, „Sollte ich dumm sein? Das hätte ich nie geglaubt, und es darf auch kein Mensch wissen! Sollte ich nicht für mein Amt taugen?
Nein, es geht nicht an, dass ich erzähle, ich könnte das Zeug nicht sehen!"

„Nun, Sie sagen ja nichts dazu!", sagte der eine, der dort webte.

„Oh, es ist reizend, ganz allerliebst!", sagte der alte Minister und sah durch seine Brille, „dies Muster und diese Farben! – Ja, ich werde dem Kaiser sagen, dass es mir ausgezeichnet gefällt!"

„Nun, das freut uns!", sagten die beiden Weber, und dann nannten sie die Farben bei Namen und auch die seltsamen Muster.

Der alte Minister passte gut auf, damit er das gleiche sagen könne, wenn er zum Kaiser zurückkäme, und das tat er auch.

Nun verlangten die Betrüger mehr Geld, mehr Seide und mehr Gold, da sie es zum Weben gebrauchen wollten. Sie steckten alles in die eigene Tasche, auf den Webstuhl kam nicht ein Faden, und sie webten, wie zuvor, auf den leeren Stühlen.

Der Kaiser sandte bald wieder einen anderen ehrlichen Höfling hin, um zu sehen, wie es mit dem Weben fortschritte, und ob das Zeug bald fertig sei.
Ihm erging es wie dem Minister, er guckte und guckte, aber da außer den leeren Webstühlen nichts da war, konnte er nichts erblicken.

„Ja, ist das nicht ein schönes Stück Zeug?", fragten die beiden Betrüger und zeigten und erklärten das herrliche Muster, das gar nicht da war.

„Dumm bin ich nicht!", dachte der Mann, „Es ist also das Amt, für das ich nichts tauge!
Das ist merkwürdig genug! Aber da darf man sich nichts anmerken lassen!" Und so lobte er das Zeug,

Die ganze Nacht vor dem Vormittag, an dem die Prozession stattfinden sollte, saßen die Betrüger auf und hatten über sechzehn Lichter angezündet.

Die Leute konnten sehen, dass sie es eilig hatten, um des Kaisers neue Kleider fertig zu bekommen. Sie taten, als ob sie das Zeug vom Webstuhl nähmen, schnitten mit großen Scheren in die Luft, nähten mit Nähnadeln ohne Faden und sagten zuletzt:

„So, nun sind die Kleider fertig!"

Der Kaiser mit seinen vornehmsten Kavalieren kam selbst heran, und die beiden Betrüger hoben den Arm in die Höhe, als ob sie etwas hielten, und sagten:

„Seht, das sind die Beinkleider! Hier ist der Rock! Und das ist der Mantel!", und so weiter fort. „Es ist so leicht wie Spinngewebe.

Man sollte glauben, man habe nichts auf dem Körper.

Aber das ist eben der Vorzug!"

„Ja!", sagten alle Kavaliere, aber sehen konnten sie nichts, denn es war nichts da.

Der Kaiser

Der Kaiser legte alle seine Kleider ab, und die Betrüger spiegelten vor, ihm jedes Stück von den neu genähten anzuziehen, und sie fassten ihn um den Leib, als ob sie etwas festbänden, das war die Schleppe, und der Kaiser drehte und wendete sich vor dem Spiegel.

„Oh, wie gut sie kleiden, und wie prächtig sie sitzen!", sagten alle.

„Was für ein Muster! Welche Farben! Das ist eine kostbare Tracht!"

„Draußen stehen sie mit dem Thronhimmel, der über Eurer Majestät in der Prozession getragen werden soll!", sagte der Oberzeremonienmeister.

„Ja, ich bin ja fertig!", sagte der Kaiser. „Sitzt es nicht gut?" Und dann wendete er sich noch einmal vor dem Spiegel, denn es sollte so aussehen, als ob er seinen Staat recht betrachte.

Die Kammerherren, die die Schleppe tragen sollten, suchten mit den Händen auf dem Fußboden umher, gerade, als ob sie die Schleppe aufnähmen. Sie wagten nicht, sich anmerken zu lassen, dass sie nichts sehen konnten.

Und so ging der Kaiser in der Prozession unter dem herrlichen Thronhimmel, und alle Menschen auf den Straßen und in den Fenstern sagten: „Gott, des Kaisers neue Kleider sind ja beispiellos schön! Welch eine herrliche Schleppe an dem Kleid! Und wie wohlgeraten alles sitzt!"

Niemand wollte sich anmerken lassen, dass er nichts sähe, denn dann hätte er nicht für sein Amt getaugt oder wäre sehr dumm gewesen.
Noch nie hatte ein neues Kleid des Kaisers solches Glück gemacht wie dieses.

„Aber er hat ja gar nichts an!", sagte ein kleines Kind.

„Herr Gott, hört die Stimme der Unschuld!", sagte der Vater und der eine flüsterte es dem anderen zu, was das Kind gesagt hatte.

„Er hat ja gar nichts an! Ein kleines Kind sagte, er hat überhaupt gar nichts an!"

„Er hat ja gar nichts an!", rief zuletzt das ganze Volk. Das kränkte den Kaiser, denn ihm schien es, als ob sie recht haben könnten.
Aber er dachte bei sich: „Die Prozession muss ich schon noch aushalten."

Und so trug er sich noch stolzer, und die Kammerherren gingen und trugen die Schleppe, die gar nicht da war.

Der Hahn und das Huhn

Es lebten einmal ein Hahn und ein Huhn zusammen, die gingen eines Tages in den Wald um Nüsse zu holen. Sie kamen zu einem Haselnussstrauch, das Hähnchen flatterte auf den Strauch und sollte die Nüsse pflücken, das Hühnchen sollte die Nüsse auf der Erde einsammeln. Das Hähnchen pflückte die Nüsse und warf sie herunter, das Hühnchen sammelte sie unten ein. Da aber warf das Hähnchen eine Nuss dem Hühnchen aufs Auge – Auge weg.

Das Hühnchen lief auf den Weg und weinte. Bojaren kamen geritten und frugen das Hühnchen:

„He, Hühnchen, Hühnchen, was weinst du, wer hat dir etwas getan?"

„Das Hähnchen hat mir ein Äuglein ausgeschlagen."

„He, Hähnchen, Hähnchen, warum hast du dem Hühnchen ein Äuglein ausgeschlagen, du Lumpenhund?"

„Der Haselstrauch hat mir meine Hose zerrissen, da geriet ich in Wut."

„He, Haselstrauch, Haselstrauch, warum hast du dem Hähnchen die Hose zerrissen, du Lumpenhund?"

„Die Ziegen haben mich abgenagt, da geriet ich in Wut."

„He, Ziegen, Ziegen, warum habt ihr den Haselstrauch abgenagt, ihr Lumpenhunde?"

„Der Mann hat uns nicht gehütet, da gerieten wir in Wut."

„He, Mann, oh Mann, warum hast du die Ziegen nicht gehütet, du Lumpenhund?"

„Die Frau hat mir keinen Pfannenkuchen abgegeben, da geriet ich in Wut."

„He, du Frau, warum hast du dem Mann keinen Pfannenkuchen abgegeben, du Lumpenhundin?"

„Weil das Schwein kam und meine Pfannenkuchen auffraß, da geriet ich in Wut."

„He, Schwein, Schwein, warum hast du die Pfannenkuchen der Frau gefressen, du Lumpenhündchen?"

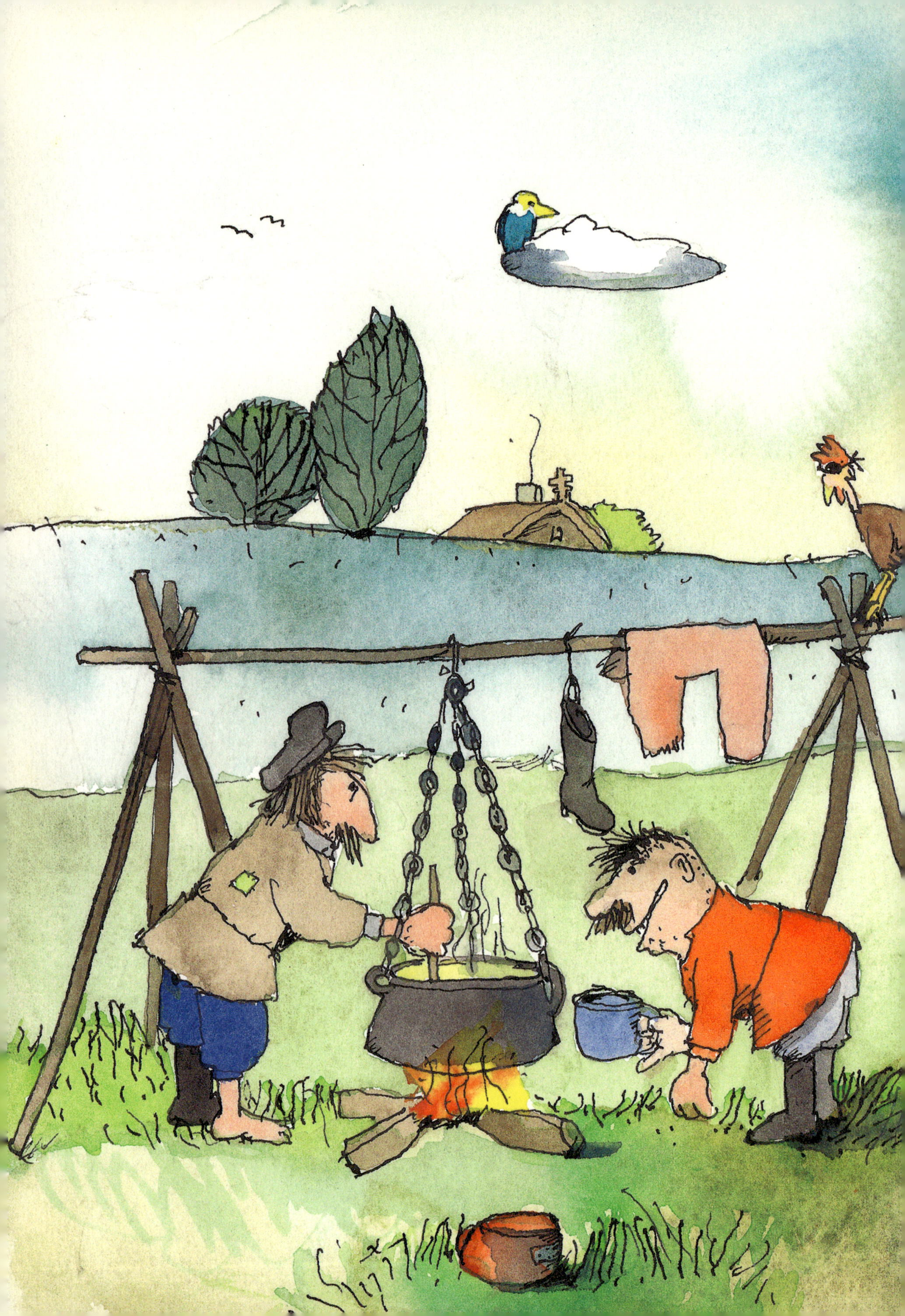

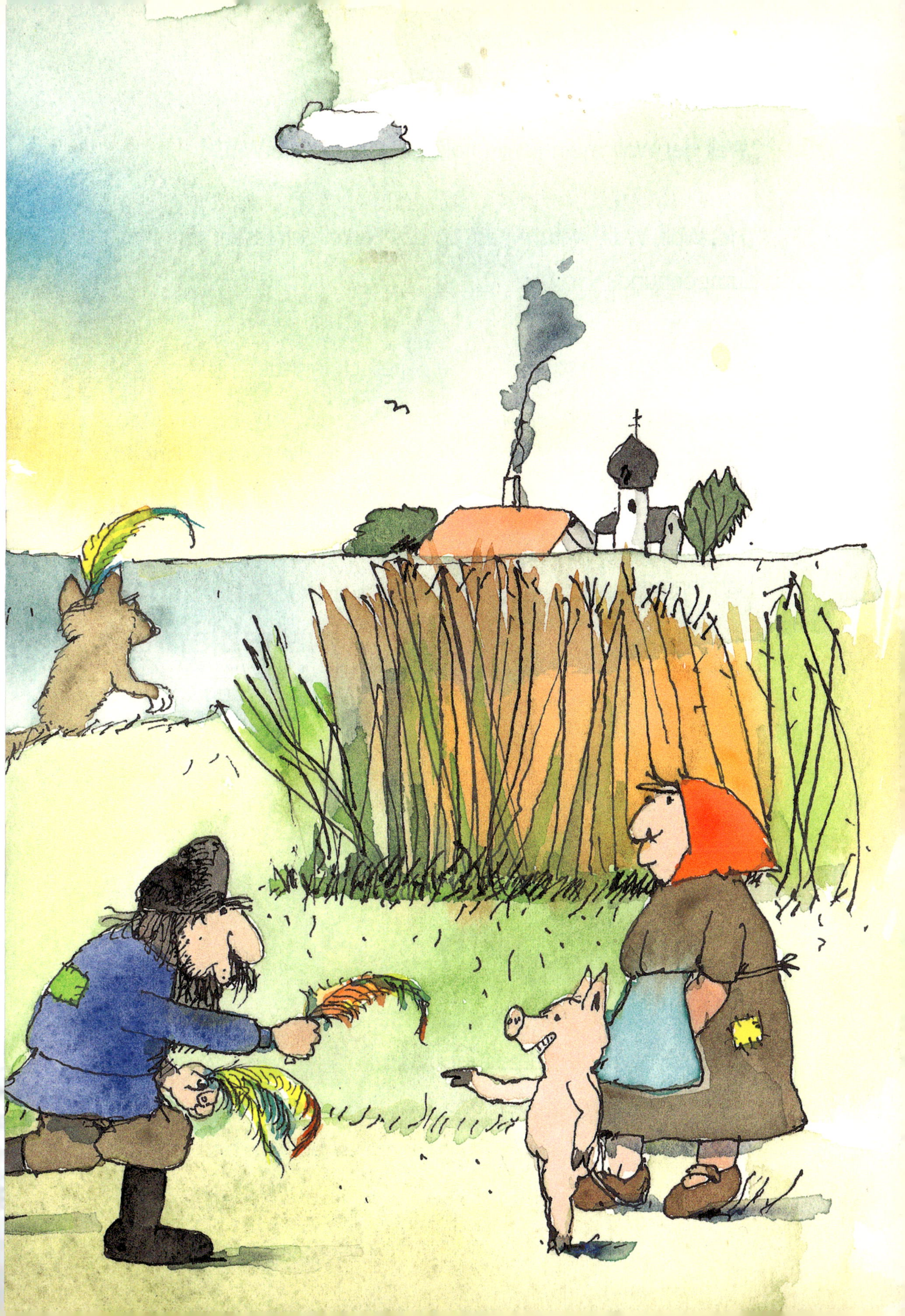

30

31

Da nahm es die Steine, war hurtig, steckte dafür eine Nuss in den Mund, und knack, war sie entzwei.

„Ich muss das Ding noch einmal probieren", sprach der Bär, „wenn ich's so ansehe, ich mein', ich müsst's auch können."

Da gab ihm das Schneiderlein abermals Wackersteine, und der Bär arbeitete und biss aus allen Leibeskräften hinein. Aber du glaubst auch nicht, dass er sie aufgebracht hat.
Wie das vorbei war, holte das Schneiderlein eine Violine unter dem Rock hervor und spielte sich ein Stückchen darauf.

Als der Bär die Musik vernahm, konnte er es nicht lassen und fing an zu tanzen, und als er ein Weilchen getanzt hatte, gefiel ihm das Ding so wohl, dass er zum Schneiderlein sprach:
„Hör, ist das Geigen schwer?"

„Kinderleicht, siehst du, mit der Linken leg' ich die Finger auf und mit der Rechten streich' ich mit dem Bogen drauflos, da geht's lustig, hopsasa, vivallalera!"

„So geigen", sprach der Bär, „das möcht' ich auch verstehen, damit ich tanzen könnte, so oft ich Lust hätte. Was meinst du dazu? Willst du mir Unterricht darin geben?"

„Von Herzen gern", sagte das Schneiderlein, „wenn du Geschick dazu hast. Aber weis einmal deine Tatzen her, die sind gewaltig lang, ich muss dir die Nägel ein wenig abschneiden."

Da ward ein Schraubstock herbeigeholt und der Bär legte seine Tatzen darauf, das Schneiderlein aber schraubte sie fest und sprach: „Nun warte, bis ich mit der Schere komme", ließ den Bären brummen, soviel er wollte, legte sich in die Ecke auf ein Bund Stroh und schlief ein.

Wie bis jetzt bekannt wurde, soll Flimmer, der sich bis zu seinem siebzehnten Lebensjahr als Amateurbastler in seiner Heimatstadt Groningen einen Namen gemacht hatte, durch einen Rechenfehler auf eine kosmische Formel gestoßen sein, die es ihm ermöglichte, durch ein einfaches Magnetverfahren kleinere Sterne vom Himmel zu holen.

Zur Aufklärung des Falles kam es, als fast sämtliche Sternwarten des oberen Erdballs feststellten, dass ständig kleinere Sterne und Sternbilder vom Himmel verschwanden.

Es wurde beobachtet, dass sich vermeintliche Sternschnuppen alle auf einen Punkt hin bewegten.

Interpol gelang es, diesen Punkt zu orten.

Er wird angegeben als eine Art Gartenlaube in den mittleren Pyrenäen in der Nähe eines Dorfes, das aus sechs Häusern besteht.

Die Laube diente den beiden Unterweltlern als Werkstatt und Schlupfwinkel. Die Sterne wurden durch einen kleineren Stratotrichter hinter der Laube auf einen Amboss geleitet und von den beiden mit einem Hammer platt geklopft.

Dabei zog sich Flimmer-Erich ein Augenleiden zu, wonach es ihm – soweit verlautet – ständig vor den Augen flimmern soll.

Dieses Verfahren, Geld zu fälschen, wird in Fachkreisen als „Sterntalerverfahren" bezeichnet.

Bei der Vernehmung gab Erich Flimmer zu, durch einen Rechenfehler auf die Formel gestoßen zu sein.
Max Habedas jedoch behauptete, vor etwa vier Jahren einem alten Mann eine Hose geschenkt zu haben, seitdem wären ihnen die Sterne sozusagen von alleine in den Schoß gefallen.

„Vielleicht", so Habedas, „ist dieser Mann der liebe Gott gewesen."

Das galaktische Rotkäppchen

Es war einmal eine süße galaktische Dirn, die hatte dort in der Galaxis jedermann galaktisch lieb, am liebsten aber ihre galaktische Großmutter, sie wusste gar nicht, was sie dem galaktischen Kind alles geben sollte.

Einmal schenkte sie ihm ein galaktisches rotes Käppchen von rotem Samt, galaktisch beleuchtet wie ein Kometenstern, nicht zuletzt deswegen, dass sie in den Galaxien weithin sichtbar war so und nicht verloren gehen konnte.

Auch damit sie sie besser sehen konnte, wenn die liebe Dirn sich der Erde näherte, wie ein Komet, denn die gute Oma wohnte längst nicht mehr oben in der Galaxis, sondern unten in einem Wald bei Hindelang. Wo die alten Leute in Rente gehen. Und weil es nun so weithin sichtbar war, ward es das „galaktische Rotkäppchen" genannt.

Als nun die gute galaktische Oma einmal galaktisch krank war, sprach des galaktischen Rotkäppchens galaktische Mutter: „Flieg doch einmal her, mein Kind! Hier hast du ein galaktisches Körbchen mit ein wenig galaktischem Kuchen und ein wenig galaktischem Wein und bringe dies zu deiner galaktischen Oma nach Hindelang.
Sie ist schwach und krank und bedarf der galaktischen Stärkung, denn die irdische Nahrung hat keine galaktische Kraft, sie zu stärken und ihre galaktischen Batterien wieder aufzuladen.
Doch komm nicht von der galaktischen Kometenbahn ab, tritt auf keinen Raumkapselmüll, gerate in keine galaktische Satellitenflugbahn und leuchte nicht zu sehr mit deinem galaktischen roten Käppchen, sonst sieht dich der galaktische Wolf.
Er ist ein hundgemeiner Hundsfott, weißt du.
„Alles gehört und verstanden", sprach das galaktische Rotkäppchen und machte sich auf die Socken.
Wohl mag sie alles gehört und verstanden haben, doch achte-

te sie nicht die Worte der Mutter und leuchtete mit ihrem roten Käppchen weiß der Teufel wie in der Galaxis herum. Und so blieb es auch nicht aus, dass der galaktische Wolf sie durch die ganze Milchstraße auf weite Entfernung hin sehen konnte und ihr in einer Kometenbahn, welche die ihre kreuzte, auflauerte.

Muss gesagt werden, dass er nichts so gerne fraß wie junge, galaktisch beleuchtete Dirnen? Nicht anders als unser irdischer Wolf, welcher sowohl die Großmütter als auch die irdischen Rotkäppchen und eigentlich radikal alles frisst.

Dann zog er sich ihre Kleider an, setzte ihre galaktische Nachthaube auf, legte sich in ihr galaktisches Bett und zog die Vorhänge zu. Das galaktische Rotkäppchen aber war noch ein wenig zwischen den Sternen herumgestolpert, Sternschnüppchen zu sammeln, hier und da ein Kometchen zu pflücken, Fixsternchen zu rupfen für der galaktischen Großmutter ihre galaktische Blumenvase.

Dann begab sie sich wieder in ihre Umlaufbahn, welche sie nach Hindelang führte, und landete nicht weit weg von Omas galaktischem Waldhaus. Sie wunderte sich, dass die Tür offen stand, und dachte:
Ei, mein Gott, wie ängstlich ist es mir heute doch zu Mut, dabei bin ich so galaktisch gern bei der galaktischen Oma.
Am liebsten wäre sie umgekehrt. Und hätte sie auf ihre innere Stimme gehört, wäre diese Geschichte anders ausgegangen.

Sie aber drückte die Klinke herunter und rief: „Guten Morgen, liebe Großmutter", ging zu dem Bett, zog den galaktischen Vorhang zur Seite, sagte noch:
„Aber was hast du doch für große Augen, Ohren, Pfoten,

Zähne und welch einen großen Schwanz, liebe Oma", bevor sie starb.

Weil der galaktische Wolf sie verschlang, mit allen ihren galaktischen Drähten, Leitungen, dem galaktischen Körbchen und Omas rotem Leuchteköppchen.

Und wieder aß er ihre jungen, galaktischen Batterien als Nachspeise, als wären sie Himbeereis. Nun, was lernen wir aus diesem galaktischen Unsinn, Kinder?

Wir lernen, dass wir

a) mit unserem galaktischen roten Käppchen nicht überall in der Galaxis herumleuchten sollen, sonst sieht uns der galaktische Wolf schon von der Ferne und frisst unsere Oma und zuletzt gar uns selbst.

Und b), dass wir nie ohne unsere galaktische Beleuchtung durch die Galaxis wandern, weil unsere Oma uns sonst aus den Augen verliert und nicht merkt, dass wir der Wolf sind, welcher da an die Tür klopft. Welcher sie dann frisst.

Kurzum – wir lernen aus diesem Unsinn, dass wir machen können, was wir wollen, es ist immer falsch. Letztlich frisst der galaktische Wolf sowohl unsere Oma als auch uns in jedem Fall.

Merkt euch das mal und habt keine Hoffnung, dass ihr ihm entwischt …

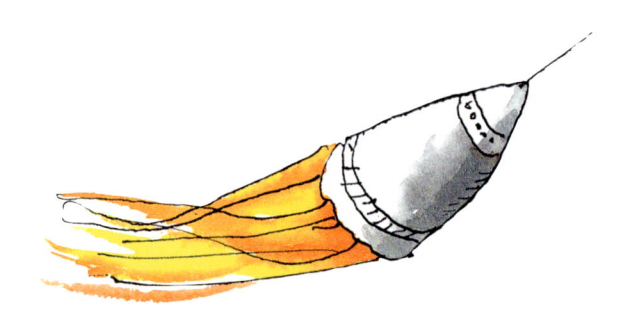

Das Hirtenbübchen

Es war einmal ein Hirtenbübchen, das war wegen der weisen Antworten, welche es gab, weit und breit bekannt.
„Weiser als drei Weise zusammen, und wären sie über hundert Jahre alt", sagte man.

Da befahl der König den Knaben zu ihm zu bringen, wollte er doch sehen, was an der Rede war. Doch der Knabe weigerte sich. „Mir hat keiner etwas zu befehlen", sagte er. Da ließ der König ihn mit Gewalt holen. Er sprach zu dem Knaben: „Kannst du mir drei Fragen, die ich dir stellen werde, beantworten, so will ich dir alles geben, was du dir wünschst, und sei es mein ganzes Reich." Der Knabe antwortete nicht darauf, hatte aber wohl gemerkt, dass der König in seiner einfältigen Ungenauigkeit vergessen hatte zu sagen „... *richtig* beantworten ..." Denn *darauf* käme es an.

„Und wenn du sie nicht beantwortest, lasse ich dich in den Kerker werfen."

Nichts wäre für den Knaben schlimmer gewesen, als seine Freiheit zu verlieren. Also stellte der König die erste Frage: „Sage mir, wie tief ist das Meer an seiner tiefsten Stelle!"
„Zwölftausenddreiunddreißig genau", sagte der Knabe. „Meter. Lasst es nachmessen." Das freilich konnte der König nicht, sonst hätte er es längst getan und gewusst und nicht fragen müssen. „Hm", knurrte er.
„Zweite Frage: Wo beginnt die Ewigkeit und wo hört sie auf?"
Der Knabe überlegte eine kleine Weile, hob den Finger und sagte: „Hier an der Spitze meines Fingers beginnt sie, dann umkreist sie die Zeit und schon in dieser Sekunde ist sie wieder zurück." Dann schnippte er mit dem Finger: „Schnipp, das ist sie. Habt Ihr's gehört?"
Der Narr des Königs hatte das mit angehört und wiegte den Kopf: „Er weiß wohl noch mehr, als die Leute von ihm sagen, und fast so viel wie ich."

6

Der König stellte die dritte Frage:

„Wie heiß ist das Feuer, Bube?"

„Lasst einen Kessel mit Feuer hereintragen!" Man brachte einen Kessel mit Feuer.

„Jetzt legt die Hand in das Feuer. So heiß ist es!"

Was der König freilich nicht tat. Aber wie könnte die Antwort auf eine Frage besser erfahren werden als so?

„Was für ein Knabe", sagte der König und bedauerte, dass er einen solchen Sohn nicht hatte. Seiner war nicht klug, eher dumm. „Nun wünsche dir, mein Junge, was du begehrst!"

Hoffte der König doch, der Knabe würde sein Reich begehren und das Land hätte nach ihm einen guten König. Aber nichts begehrte der Knabe, nichts.

„Nur, dass Ihr mir nie wieder etwas befehlt, solange ich lebe."

Und das war dann doch wieder unendlich viel. Und er ging hinaus aus dem Palast ohne sich noch einmal umzuschauen.

Das kleine Mädchen mit den Schwefelhölzern

H. Chr. Andersen

Es war entsetzlich kalt, es schneite und der Abend begann zu dunkeln; es war der letzte Abend des Jahres. In dieser Kälte und Dunkelheit ging auf der Straße ein kleines armes Mädchen mit bloßem Kopf und nackten Füßen.
Als es das Haus verließ, hatte es freilich Pantoffeln angehabt. Aber was half das?
Es waren sehr große Pantoffeln, die seine Mutter bisher getragen hatte, so groß waren sie; und die Kleine verlor sie, als sie über die Straße huschte, weil zwei Wagen schrecklich schnell vorüberrollten.

Der eine Pantoffel war nicht wieder zu finden, mit dem andern lief ein Junge fort; er sagte, er könne ihn als Wiege gebrauchen, wenn er selbst Kinder hätte.

Da ging nun das kleine Mädchen auf den nackten kleinen Füßen, die rot und blau vor Kälte waren. In einer alten Schürze trug es eine Menge Schwefelhölzchen und ein Bund davon in der Hand.

Niemand hatte ihm den ganzen langen Tag etwas abgekauft, niemand hatte ihm einen kleinen Schilling geschenkt; hungrig und verfroren schlich es einher und sah so verschüchtert aus, das arme kleine Mädchen! Die Schneeflocken bedeckten sein langes, blondes Haar, das sich so hübsch im Nacken lockte; aber daran dachte es nun freilich nicht.

Aus allen Fenstern glänzten die Lichter und es roch in der Straße herrlich nach Gänsebraten; es war ja Silvesterabend, und daran dachte es. In einem Winkel zwischen zwei Häusern, von denen das eine etwas weiter in die Straße vorsprang als das andere, setzte es sich hin und kauerte sich zusammen. Die kleinen Füße hatte es an sich gezogen, aber es fror noch mehr, und nach Hause zu gehen wagte es nicht. Es hatte ja keine Schwefelhölzchen verkauft und nicht einen einzigen Schilling bekommen, sein Vater würde es schlagen.

Kalt war es zu Hause auch; über sich hatten sie nur das Dach, durch das der Wind pfiff, wenn auch die größten Spalten mit Stroh und Lumpen zugestopft waren.

Die kleinen Hände waren beinahe vor Kälte erstarrt. Ach! Ein Schwefelhölzchen konnte ihm wohl gut tun, wenn es nur ein einziges aus dem Bunde herausziehen, es an die Wand streichen und sich die Finger erwärmen dürfte.

Es zog eins heraus, "ritsch!", wie sprühte, wie brannte es! Es war eine warme, helle Flamme, wie ein kleines Licht, als es die Hände darüber hielt. Es war ein wunderbares Licht! Es schien dem kleinen Mädchen, als säße es vor einem großen, eisernen Ofen mit blanken Messingkugeln und einer Messingtrommel. Das Feuer brannte so schön und es wärmte so gut!

Das kleine Mädchen streckte schon die Füße aus, um auch diese zu wärmen – da erlosch die Flamme, der Ofen verschwand, es hatte nur den kleinen Rest des abgebrannten Schwefelhölzchens in der Hand.

Ein neues wurde angestrichen, es brannte, es leuchtete, und wo der Schein auf die Mauer fiel, wurde diese durchsichtig wie ein Schleier. Es konnte gerade in die Stube hineinsehen, wo der Tisch mit einem weißen Tischtuche und feinem Porzellan gedeckt war, und herrlich dampfte die gebratene Gans, mit Äpfeln und getrockneten Pflaumen gefüllt.

Und was noch prächtiger war, die Gans sprang von der Schüssel herunter und wackelte auf dem Fußboden, Messer und Gabel im Rücken, gerade auf das arme Mädchen zu. Da erlosch das Schwefelhölzchen und nur die dicke, kalte Mauer war zu sehen.

Es zündete noch ein Hölzchen an. Da saß es nun unter dem herrlichsten Weihnachtsbaum, der noch größer und geputzter war als der, den es am Heiligabend durch die Glastür bei dem reichen Kaufmann gesehen hatte.

Tausende von Lichtern brannten auf den grünen Zweigen, und bunte Bilder, wie sie an Schaufenstern zu sehen waren, sahen herab.

Das kleine Mädchen streckte die Hände danach aus – da erlosch das Schwefelhölzchen. Die Weihnachtslichter stiegen höher und höher und es sah sie jetzt als helle Sterne am Himmel. Einer von ihnen fiel herunter und bildete einen langen Feuerstreifen am Himmel. „Jetzt stirbt jemand!", sagte das kleine Mädchen, denn die alte Großmutter, die Einzige, die gut gewesen und nun gestorben war, hatte ihm erzählt, dass, wenn ein Stern vom Himmel herunterfällt, eine Seele zu Gott emporsteigt.

Es strich wieder ein Hölzchen an der Mauer an, es leuchtete ringsumher, und in dem Glanze stand die alte Großmutter, so klar, so schimmernd, so mild und liebevoll. „Großmutter!", rief die Kleine. „Oh! Nimm mich mit! Ich weiß, du bist fort, wenn das Schwefelhölzchen erlischt, du verschwindest wie der warme Ofen, wie der herrliche Gänsebraten und der große, prächtige Weihnachtsbaum!"

Und es strich schnell den ganzen Rest der Schwefelhölzchen an, der noch im Bunde war, denn es wollte die Großmutter recht fest halten. Und die Schwefelhölzchen leuchteten mit einem solchen Glanze, dass es heller wurde als am hellen Tage.

Großmutter war früher nie so schön, so groß gewesen. Sie nahm das kleine Mädchen auf ihre Arme und sie flogen in Glanz und Freude so hoch, so hoch; und dort oben war weder Kälte noch Hunger, noch Angst – sie waren bei Gott.

Gut und schlecht
russisch

Unterwegs begegneten sich zwei Bauern.

„Nachbar, wo kommst du denn her?"

„Von weit her, aus der Stadt."

„Ist die Stadt groß?"

„Hab sie nicht gemessen."

„Sind die Leute stark?"

„Hab mich nicht gerauft."

„Zu was bist du hingefahren?"

„Um eine Tüte Erbsen."

„Da schau, wie gut."

„Gut, ja, aber nicht besonders."

„Wieso das?"

„Fielen mir zurück in den Sack."

„Wie schlecht!"

„Schlecht, ja, aber nicht besonders."

„Wieso das?"

„Eine Tüte voll reingefallen, zwei Tüten voll rausgeholt."

„Wie gut!"

„Gut, ja, aber nicht besonders."

„Wieso das?"

„Hab sie ausgesät, kamen die Vögel, haben sie aufgepickt."

„Wie schlecht!"

„Schlecht, ja, aber nicht besonders."

„Wieso das?"

„Blieben ein paar liegen, sind gewachsen, hatten gut Platz und haben viel Schoten getragen."

„Wie gut!"

„Gut, ja, aber nicht besonders."

„Wieso das?"

„Kamen des Pfarrers Schweine, haben sie mir aufgefressen und den Acker zertreten."

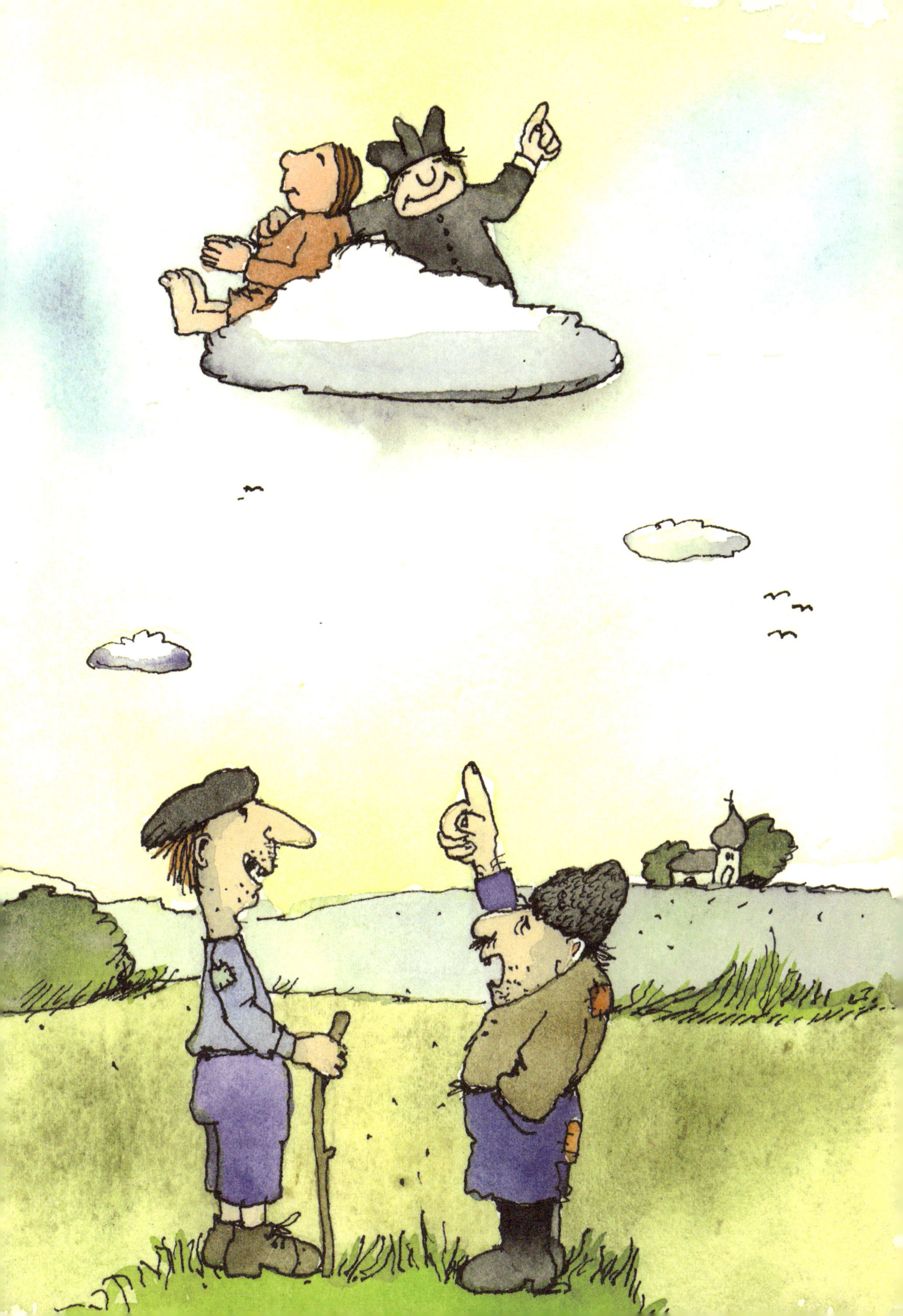

„Wie schlecht!"

„Schlecht, ja, aber nicht besonders."

„Wieso das?"

„Hab sie g'schlachtet. Wurst gemacht, neun Zuber eingepökelt."

„Wie gut!"

„Gut, ja, aber nicht besonders."

„Wieso das?"

„Kamen die Hunde des Pfarrers und haben alles bis zum letzten Bissen aufgefressen."

„Wie schlecht!"

„Schlecht, ja, aber nicht besonders."

„Wieso das?"

„Hab den Hunden das Fell über die Ohren gezogen, und habe einen Pelzmantel für mein Weib daraus gemacht."

„Wie gut!"

„Gut, ja, aber nicht besonders."

„Wieso das?"

„Ist zur Kirche gegangen, da hat der Pfarrer wohl den Pelz erkannt und sie ausgezogen."

„Wie schlecht."

„Schlecht, ja, aber nicht besonders."

„Wieso das?"

„Hat dem Pfaffen gefallen, hat sie behalten."

„Wie schlecht!"

„Schlecht, ja, aber nicht besonders. Ist mit ihm in den Himmel gefahren und wird mir dort einen guten Platz besetzen."

„Ach", sagte der eine Bauer, „wie gut, wenn einer jemanden bei der Obrigkeit hat, welcher ihm einen Platz freihält."
„Siehst du", sagte der andere Bauer,
„nur Glück muss man haben, dann geht es schon."

Der Quasselkasper findet das Glück

Ein Weihnachtsmärchen von Janosch

An einem hundserbärmlich kalten Tage – und es schneite obendrein, dass du den Fuß nicht sehen konntest, nicht einmal die Hand vor der Kaspernase – trippelte der Quasselkasper von Wasserburg auf seiner Reise durch die Welt die Landstraße entlang, kaum dass er die Beine noch bewegen konnte. Seit fünf Tagen keinen Bissen Brot zwischen den Zähnen gehabt und Käse schon gar nicht.

Und seit sieben Tagen kein warmes Quartier für die Nacht.

Was für ein gotterbärmlich armseliges Leben, fürwahr.

„Ich werde voraussichtlich ziemlich sicher sterben", sprach er zu sich.
Ein kurzer Satz für einen, der so gern spricht. *Quasselt*, sagt man, aber sagen wir lieber: spricht.

Er war also auf dem Weg durch die Welt und auf der Suche nach dem Glück des Lebens, und wenn er keinen Wegkameraden hatte, redete er mit sich selbst, nun aber hatte er seit acht Stunden nicht mehr. So erbärmlich stand es um ihn.

Obendrein war heut' Weihnachten.
Und nicht einmal ein Nachtquartier.
„In der nächsten Kurve lege ich mich aufs Moos und scheide dahin.
Ade, du Welt, nun muss der Kasper sterben, hatte kein Glück und auch kein Geld, und niemand wird was erben."

Kaum hatte er den Schnee vom Moos geschaufelt, denn auf Moos wollte er sterben und nicht auf dem kalten Schnee, denn Moos darf ein Kasper vom harten Leben doch wohl verlangen als letzten Wunsch. Oder nicht?
Ja.

Da roch er von irgendwoher Erbsensuppe.

„Oh, Erbsensuppe und möglicherweise sogar Püree ..."

Seine Leib- und Magenspeise.

Sofort fühlte er wieder Leben in seinen Beinen, rutschte den Abhang hinunter, denn er glaubte fest an Wunder. Schon gar erst recht an Erbsenpüreewunder, kam zu einem kleinen Haus, tief verschneit, aber mit Licht hinter dem Fenster und Rauch aus dem Schornstein ...
... UND ERBSENPÜREE in der Luft.
Zu riechen.

Er klopfte, rief:
„Ist da wer, welcher einen armen Wandersmann speisen möchte?"

Und einer rief von innen:
„Oh, eine Kasperstimme, treten Sie näher, Sir, nehmen Sie Platz an meinem Tischlein, es gibt sofort Erbsenpüree mit gebräunten Zwiebelchen, und der Ofen ist gut geheizt. Ich bin ein wenig kurzsichtig, weil ich ein blinder Maulwurf bin, wo ist Ihre Pfote? Reichen Sie mir doch diese zum Gruße."

Der glückliche Maulwurf.
Blind. Natürlich blind, weil ein Maulwurf nicht sehen muss. Weil er unter der Erde haust, da ist kein Licht.
Was nicht muss, das muss nicht.

Der Quasselkasper reichte ihm die Hand, der Maulwurf führte ihn zu dem Tisch, und sie speisten zusammen – so fein hatte der Quasselkasper zeit seines Lebens nicht gegessen. „Ihre Fußbeine, Sir! Legen Sie diese in dieses wunderbare Badewasser, das braucht der Mensch."

Der Maulwurf hatte Schnee auf dem Ofen geschmolzen und ein warmes Fußbad in einem Eimer bereitet. Etwas Moos hineingebröselt, fragte aber den Quasselkasper nicht, wo er herkomme, wohin er ginge. Denn was spielt das schon für eine Rolle, wenn es kalt ist. Doch der Quasselkasper erzählte von allein, war er doch froh, einen gefunden zu haben, dem er etwas erzählen konnte:

„Quasselkasper. Mein Name ist Quasselkasper *von* Wasserburg. Ein wenig von Adel.
Auf dem Weg durch die Welt und auf der Suche nach dem Glück."

„Oh, welch ein Glück Sie haben, Sir, SIE HABEN ES GEFUNDEN. Das Glück wohnt bei mir und ich schenke es Ihnen."

Verdammt, ja, dachte der Quasselkasper. Fühlte noch einmal den wunderbaren Geschmack des Erbsenpürees auf der Zunge und das Fußbad an den Beinen. Und dachte dieses Mal eher leise und in sich:
„Verdammt ja, Erbsenpüree mit Zwiebelchen. Mehr gibt es nicht für einen Kasper."

Nie schlief der Quasselkasper so selig wie in dieser Nacht im Bett des glücklichen Maulwurfs. Der hatte es ihm überlassen und schlief selbst auf dem Boden.

Mein lieber Fuchs

Weil der Fuchs die Gänslein liebt, sprach er eines Tages zu seiner Frau: „Nun gehe ich in das Dorf und hole ein paar Gänse zu uns. Bereite du schon mal die Pfanne, heize den Ofen an, ja!"

„Aber bring sie lebend", rief seine Frau ihm noch nach, als er schon aus der Höhle war. „Na klar", rief der Fuchs, denn er war ein Freund der Fröhlichkeit. Sie wollten das Fest vorher mit den Gänslein gemeinsam feiern, solang sie noch leben würden. Wie sie es oft schon taten. Mit Tanz und Gesang, Jag-mich-fang-mich spielen, Federchen fliegen lassen und was man mit Gästen alles so machen kann.

Der Fuchs ging nun zum Hof des reichsten Bauern, damit er die Gänse nicht einzeln zusammensuchen musste, klopfte höflich an, um nicht als ungehobelt angesehen zu werden, und lud sie zum Festmahl:

„Meine Frau bäckt zwei Kuchen und brät einen Kirchweihbraten. Und vorher wird getanzt, Mädchen, dass die Beinchen dampfen. Kommt ihr mit?"

Das schien den Gänsen recht zu sein, denn sie gackerten und kackerten und folgten ihm im Gänsemarsch durch die Felder. Die Stalltür hatte er zuvor geöffnet, der Bauer und das

Gesinde waren auf dem Feld, die Bauersfrau mit dem Auto in der Stadt beim Friseur, und so konnten sie allesamt laut singend und schnatternd in den Wald wandern, ohne dass sie einer aufhielt.

„Das Wandern ist der Gänse Lust …"

Dann der Fuchs:
„Das Tanzen auch …"

Die Gänse:
„Das muss ein lustiger Geburtstag sein, das Füchslein lädt uns Gänslein ein.
Das Wandern,
das Wandern …"

Der Fuchs: „… und auch der Schmaus."

Als sie bei Fuchsens ankamen, war der Ofen noch nicht heiß genug, und so machten sie es sich auf dem Sofa bequem, lümmelten sich dort herum, in der Mitte der Fuchs, rings um ihn und auf ihm die Gänse, in der Küche aber wetzte die Füchsin schon das Messer.

„Nun lasst uns erst das Federfliegespiel spielen!", rief der Fuchs, denn das Wasser lief ihm schon im Maul zusammen und es drängte ihn, den Gänschen, hier der einen, dort der anderen Gans, schon ein paar Federchen auszurupfen.

Er blies sie in die Luft, wer die meisten Federn fing, wurde Sieger. Das Spiel sollte so lange gehen, bis sie kein Federchen mehr am Leib trugen und sozusagen bratfertig gerupft vorlagen.

An dieser Stelle aber ging den Gänsen ein Licht auf und sie erkannten den Halunken, wussten, was hier gespielt werden sollte:
„Kirchweihbraten, Gänsebraten, mein lieber Fuchs! Das soll er uns bezahlen."
Und weil Gänse nur scheinbar dumm sind, in Wahrheit aber das Gegenteil, spielten sie vorläufig fröhlich mit. Wollten aber lieber tanzen als das Federfliegespiel zu spielen, was dem Fuchs auch recht war.

Jede wollte die Erste sein:
„Nimm MICH!"

„Nein, zuerst mich."

Und so packten sie ihn, eine nach der anderen drehten ihn im Kreis. Ohne Pause. Zerrten ihn hinaus auf den Acker, denn die Feinde ist es besser einzeln zu erledigen.

Tanzten dort immer weiter, während die Füchsin in der Höhle gar schon die Teller auf dem Tisch zurechtstellte.

Draußen aber drehten die schlauen Gänse den Fuchs so lange, bis er nicht mehr wusste, wo vorn und hinten, oben und unten war, und erschöpft niedersank. Liegen blieb. Sich erholen wollte.

Da tanzten sie auf ihm weiter, trampelten ihn flach, bis er aussah wie ein Bettvorleger. Zogen ihn am Schwanz über den Acker und legten ihn dann der Füchsin vor die Höhle.

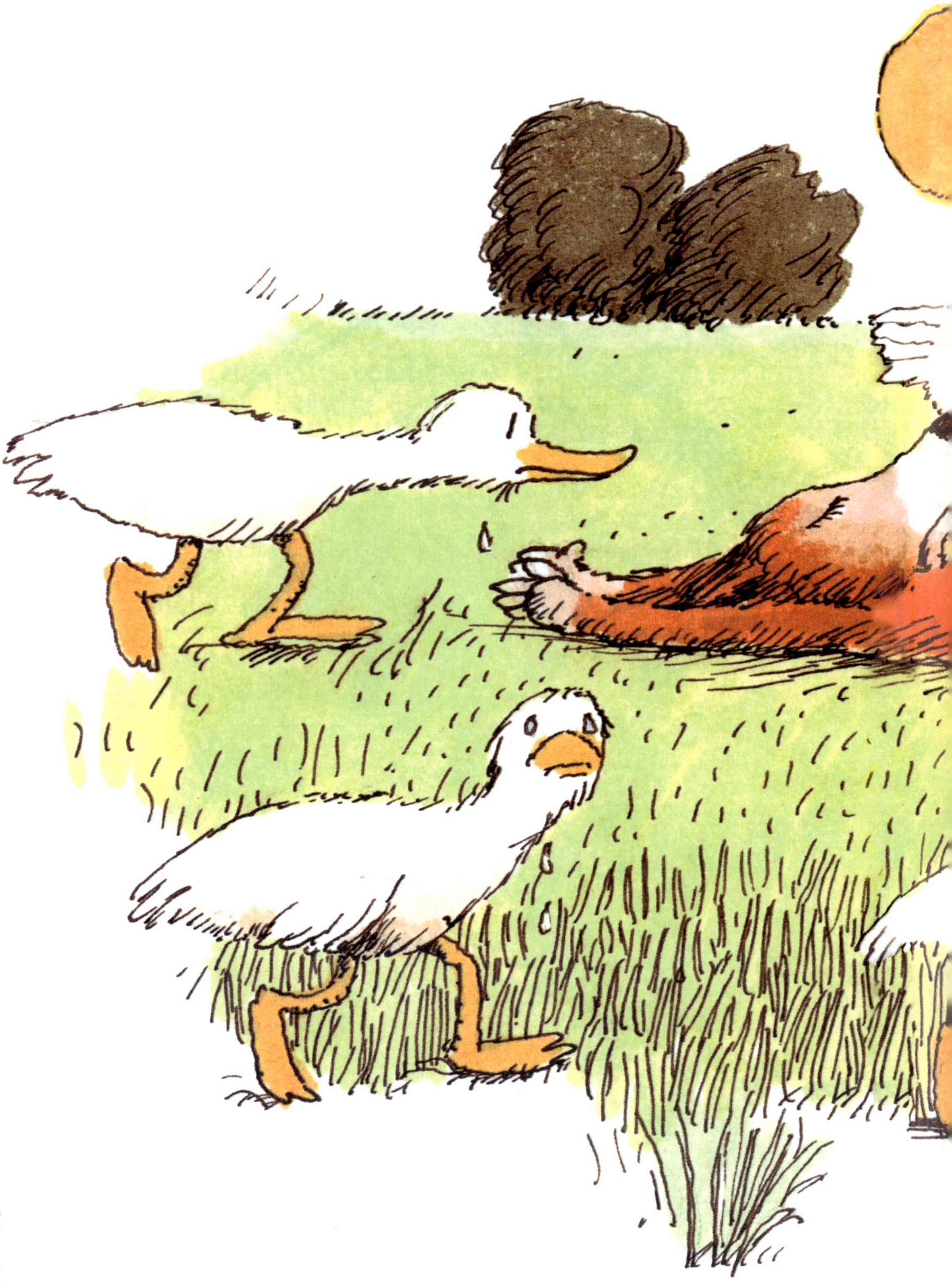

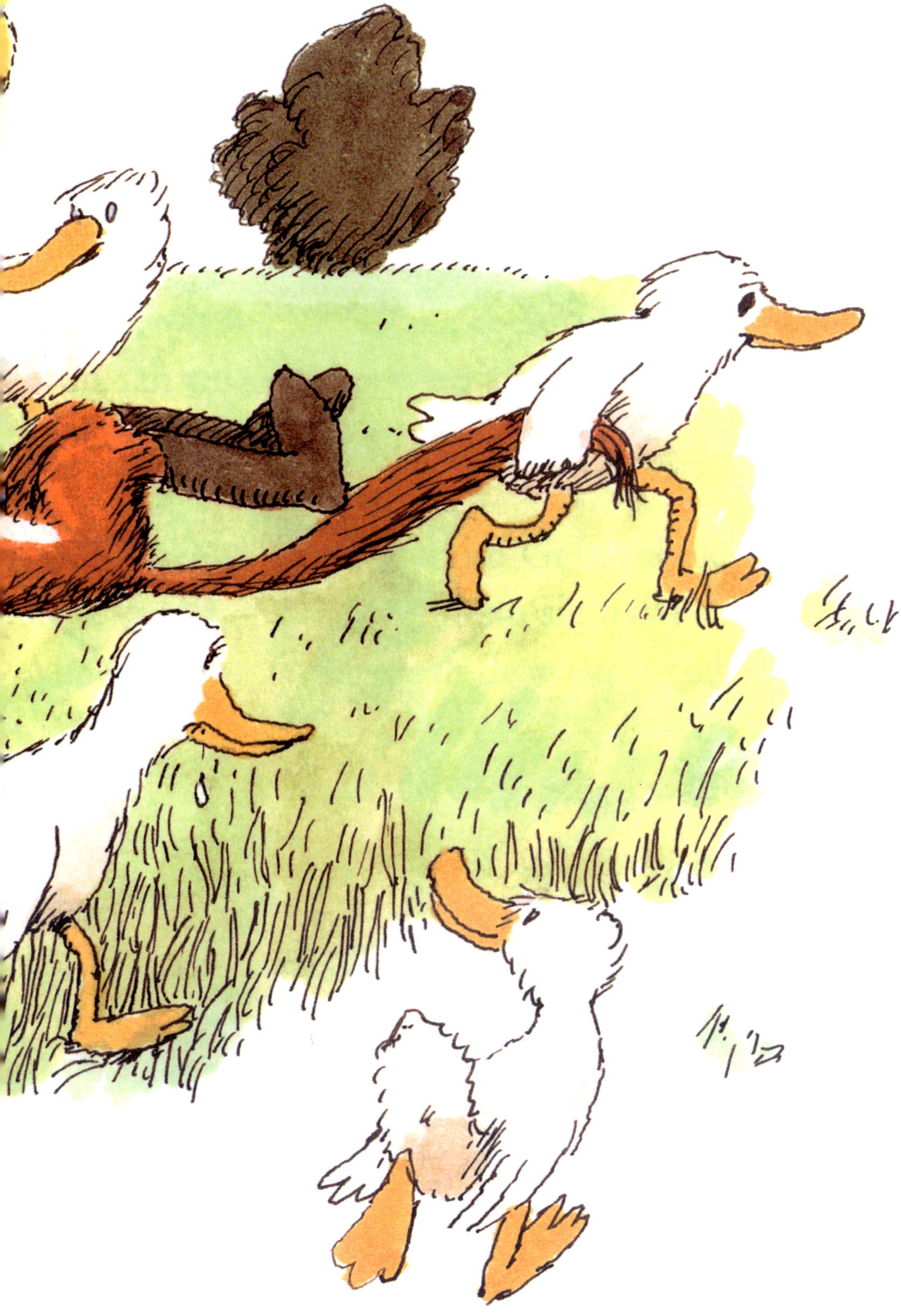

Als der Ofen heiß genug und die Pfanne gut eingefettet war, rief sie hinaus:
„Möchtest du die Kirchweihbraten lieber mit Äpfeln gefüllt oder mit Kastanien, Hans?"
Der Fuchs antwortete nicht, denn er hatte sein Leben längst ausgehaucht.

Da kam sie heraus und rief:
„Hans, wo bist du denn, so antworte doch!" Nun sah sie ihn da liegen und hub ein großes Heulen gen Himmel an.

Die Gänse aber lauerten im Gebüsch, konnten sie leicht überwältigen, denn sie hatte die Augen voller Tränen, sah deswegen nicht, wo vorn und hinten und oben und unten ist, und nicht lange, da ward auch sie platt getreten wie der Fuchs. Die Gänse mussten die Felle nicht einmal gerben. Nähten sich daraus Pelzmäntel und kleine Mützen, legten sich die Schwänze um den Hals und tragen sie nun wie einen Schal.

Und so laufen sie noch heute dort in dieser Gegend herum, habt ihr sie denn nie gesehen, Leute? Mit ihren Mäntelchen und Mützchen? Nein?

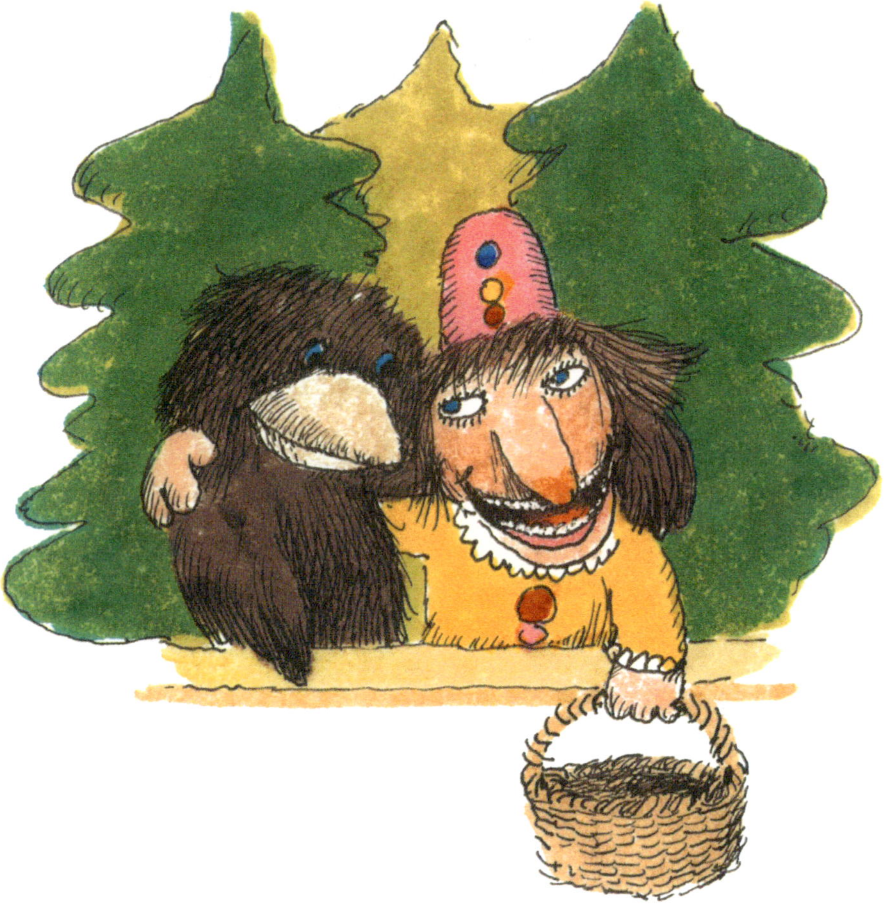

Wie der Kasper und der Rabe Krupuk eine Wette gewannen

Der Kasper war der größte Wettmeister in der ganzen Stadt. Einmal ging er zum Raben Krupuk und sagte:
„Wollen wir um etwas wetten, Krupuk?" „Um was", krächzte der Rabe Krupuk dort auf seinem Baum im Stadtpark.
„Dass ich jede Wette gewinne."

„Nein, nein, nein", krächzte der Rabe Krupuk, „ICH gewinne jede Wette, wetten? Weil, eine Wette zu gewinnen, erfordert die Gabe der Weisheit. Und die hast du nicht, wetten?"
„Warum habe ich nicht die Gabe der Weisheit?", fragte der Kasper, und sie hatten schon drei Wetten zusammen.

„Weil ICH der Gipfel der Weisheit bin. Und über dem Gipfel kann nichts drüber sein, wetten?" „Vierte Wette angenommen", lachte der Kasper,
„denn wärest du der Gipfel der Weisheit, dann wärest du weiß und das bist du nicht, wetten?" Fünfte Wette.

„Ich bin weiß, wetten? Einsatz zwei Mark." Sechste Wette.
Die Wette galt und der Kasper holte bei seiner guten Oma
den Rasierspiegel vom guten Opa. Steckte ihn in Omas Korb
und machte sich auf den Weg zum Raben Krupuk auf seinem
Baum dort im Stadtpark.
Die gute Oma fragte noch:
„Wo gehst du denn hin, Kasper?"
„Ich habe mit dem Raben Krupuk gewettet, dass er nicht weiß
ist, und diese Wette gewinne ich, wetten?"
Siebte Wette an diesem Tag.

Die gute Oma sagte:

„Ich sage auch, dass der Rabe Krupuk nicht weiß ist. Also können wir nicht wetten. Wenn beide das Gleiche sagen, können sie nicht wetten. Tut mir leid."

Also eine Wette wird gestrichen und wir sind wieder bei Nummer sechs.

Also ging der Kasper zum Raben Krupuk, nahm den Spiegel aus dem Korb, hielt ihn dem Raben vor den Schnabel und sagte:

„Was siehst du hier, mein Lieber?"

„Einen vorzüglichen bildschönen Raben, der aussieht wie ich."

„Und, ist ein Rabe weiß oder schwarz?"

„Immer weiß", sagte Krupuk. „Damit habe ich die Wette gewonnen."

„Weil du lügst. Wetten, dass du lügst?" „Warum?"

„Weil, schwarz kann niemals weiß sein, wetten?" Achte Wette.

„Weiß IST schwarz. Wetten?"

„Einverstanden. Um wie viel?"

„Neun Mark", rief der Kasper. Damit hatten sie ungefähr schon die zwölfte Wette an diesem Tag. „Und du kannst mir nie beweisen, dass ich lüge. Wetten?"

Dreizehn Wetten.

„Ich kann es dir beweisen, du Dummkopf, wetten?"

Vierzehn Wetten.

„Um elf Mark?"

„Einverstanden", sagte der Kasper. „Ich wette, dass du überhaupt kein Geld hast." Fünfzehnte Wette.

„Und ich wette, dass DU kein Geld hast." Sechzehn.

Nun kam der schlaue Wilddieb Waldschuh des Wegs und rief: „ich wette mit euch, dass ihr schon wieder wettet."

„Um wieviel, Herr Waldschuh? Neun gegen sieben?"

„Gemacht", sagte der schlaue Wilddieb Waldschuh.

Der Wilddieb Waldschuh hatte aber kein Geld, weil er noch nie Geld besaß, sonst wäre er ja kein Wilddieb geworden.

Doch das wusste nur er. Also sagte er:

„Und keiner von euch hat auch nur eine Mark, deswegen können wir gar nicht wetten. Das wette ich. Wenn einer von euch auch nur eine einzige Mark besitzt, habt ihr ganz klar gewonnen."

Und weil beide gewinnen wollten, holten sie ihr Geld heraus. Der Kasper hatte drei Mark, weil er für den Onkel Edelwächter einkaufen ging und sich seinen Lohn zum Wetten aufgespart hatte. Und der Rabe Krupuk hatte fünf Mark, weil der Oberförster Pribamm im Wald eingeschlafen war und dieses Geld zufällig in seiner Geldbörse hatte, wo der Rabe Krupuk zufällig hineingeschaut hatte und es sicherheitshalber mitnahm, damit kein Taschendieb es zufällig dem Oberförster Pribamm stehlen könnte.

Das wäre für den Oberförster nicht gut gewesen. Also zählten sie alles zusammen.

Der Kasper gab es dem Raben Krupuk, damit sie es zusammenzählen konnten.

Der Rabe Krupuk legte es in die Hand des schlauen Diebes Waldschuh, damit dieser genau sah, dass sie doch Geld hatten und sie die Wette gewonnen hatten.

Wo es auf eine wunderliche Weise mit einmal verschwand.

Wie vom Erdboden verschluckt. Als wäre der schlaue Wilddieb Waldschuh auch noch ein Zauberkünstler.

„Wo ist das Geld?", rief der Kasper. „Eben war das Geld noch in deiner Hand."

„Da war nie Geld in meiner Hand, wetten?", rief der Wilddieb Waldschuh.

„Wetten!", rief der Kasper, „der Rabe Krupuk hat es auch gesehen und damit wäre das bewiesen." „ICH HABE ES AUCH GESEHEN. Damit ist es bewiesen und wir haben die Wette gewonnen", krächzte der Rabe Krupuk.

„Da habe ich Pech gehabt, verdammt, ja. Ihr habt die Wette gewonnen, da könnt ihr euch wahrhaftig freuen, aber echt. So ein Ärger."

Sagte das und ging traurig von dannen.

Damit hatten aber beide auf einen Schlag eine Wette gewonnen. Das kommt nicht so oft vor im Leben.

Sie nahmen Omas Korb, gingen in den Wald Pilze suchen, welche sie morgen auf dem Markt verkaufen werden. Damit sie Geld zum Wetten haben.

Inhalt:

- Des Kaisers neue Kleider — 5
- Der Hahn und das Huhn — 19
- Vom klugen Schneiderlein — 25
- Die Sterntaler — 37
- Das galaktische Rotkäppchen — 41
- Das Hirtenbübchen — 49
- Das kleine Mädchen mit den Schwefelhölzern — 53
- Gut und schlecht — 61
- Der Quasselkasper findet das Glück — 67
- Mein lieber Fuchs — 75
- Wie der Kasper und der Rabe Krupuk eine Wette gewannen — 86